Direction de la publication :
Isabelle Jeuge-Maynart et Ghislaine Stora
Responsable d'édition : Bethsabée Blumel
Mise en pages : Nord Compo
Lecture-correction : Nord Compo
Illustrations : Thinkstock et Shutterstock
Couverture : Sandra Personnelli
Fabrication : Geneviève Wittmann

ISBN 978-2-03-594-248-7

Achevé d'imprimer en Espagne par UNIGRAF SL
Dépôt légal : mars 2018
319901/01-11035757 – janvier 2018

PAPIER À BASE DE FIBRES CERTIFIÉES

LAROUSSE s'engage pour l'environnement en réduisant l'empreinte carbone de ses livres. Celle de cet exemplaire est de : 200 g éq. CO_2
Rendez-vous sur www.larousse-durable.fr

LES MINI LAROUSSE

Les 50 règles d'or pour se faire des amis

Muriel Bensimon

LAROUSSE

21 rue du Montparnasse 75283 Paris Cedex 06

SOMMAIRE

BIEN SE CONNAÎTRE : LES BASES DE L'AMITIÉ

DÉVELOPPEZ L'ART DE L'AMITIÉ

CULTIVEZ VOTRE RÉSEAU AMICAL ET PASSEZ À L'ACTION

Comprenez ce qu'est l'amitié

L'amitié est un sentiment d'affection, de sympathie qu'une personne éprouve pour une autre.

CE LIEN ENTRE ÊTRES HUMAINS N'EST PAS :

- **de la camaraderie,** qui est provoquée par une identité de situation (même travail, même combat...) ;
- **de l'attachement,** qui n'exige pas de réciprocité ;
- **de l'amour,** qui suppose généralement une relation sexuelle.

COMMENT EXPLIQUER L'AMITIÉ ?

L'amitié est, selon le philosophe grec Aristote, une manifestation de l'altruisme et, à ce titre, elle est le lien qui maintient l'unité des sociétés humaines. Ce qui la distingue de la simple bienveillance anonyme envers autrui, c'est « que cette bienveillance ne reste pas ignorée des intéressés ». L'amitié est donc une manifestation de sociabilité humaine clairement déclarée entre les membres d'un groupe.

AMITIÉ ET PLAISIR DE VIVRE

L'amitié fait partie de ces relations désintéressées qui œuvrent au bonheur. Avoir des amis nous encourage, nous rend vivants, généreux, et permet de nous ouvrir à d'autres façons de penser et de réagir. De vrais amis ne se jugent pas et s'acceptent comme ils sont, avec leurs défauts et qualités.

L'amitié suppose donc la confiance et la tolérance vis-à-vis de l'autre, car elle n'est pas que fusion mais aussi acceptation de la différence. Le partage de valeurs morales communes contribue également à entretenir ce lien.

Une relation amicale peut soutenir et aider dans les moments difficiles. Elle se manifeste par l'écoute réciproque, le dialogue et l'échange de conseils. Mais elle se vit également dans le partage chaleureux de moments conviviaux, dans le plaisir d'être ensemble.

Faites le point sur votre réseau amical

À l'heure du bilan : faites le tri !

Répondez à ces questions afin de faire un bilan de vos relations actuelles et d'évaluer vos satisfactions et vos manques.

- Comment qualifiez-vous vos relations amicales aujourd'hui ? Plutôt médiocres, correctes, bonnes, épanouissantes ?
- Quelles sont les origines de ces amitiés (étude, milieux professionnels, parents d'école, vacances, activités de loisirs...) ?
- En quoi en êtes-vous satisfait ? et non satisfait ? Combien avez-vous de vrais amis ?

Et maintenant qu'attendez-vous de vos relations futures ?

- Dressez le portrait-robot de votre ami idéal : ses traits de personnalité, de caractères, ses passions...
- Que souhaiteriez-vous partager avec cet ami comme expérience ?
- Répondez le plus sincèrement possible.

Clarifiez vos valeurs

Les valeurs sont transmises par l'éducation, la société, les expériences de vie. Ce sont des principes d'ordre moral qui orientent vos choix et vos actes.

• Reconnaître et respecter ses valeurs permet de se sentir en harmonie avec soi-même et avec les autres.
• Restez connecté à vos émotions fortes pour détecter les valeurs importantes pour vous en amitié.
• Une valeur bafouée génère des sentiments de profonde colère.
• Une valeur respectée génère des émotions de joie, de fierté et une forte motivation à accomplir ses projets.

Choisissez les valeurs qui sont les plus importantes à vos yeux dans une relation amicale **et donnez la priorité à celles qui vous tiennent le plus à cœur.**

Identifiez votre profil de personnalité amicale

On peut identifier un profil de personnalité au regard de l'utilisation plus ou moins fréquente des deux hémisphères du cerveau.

Si vous avez une personnalité artistique, créative, ouverte d'esprit et sensible, cela révèle que vous utilisez davantage l'hémisphère droit de votre cerveau.

Si vous vous êtes doté d'un profil plus analytique, organisé et logique, vous utilisez davantage votre partie gauche.

IDENTIFIEZ VOTRE PERSONNALITÉ AFIN DE DÉCOUVRIR QUEL TYPE D'AMI VOUS ÊTES

1. L'ami guide et pacificateur

Vous êtes plutôt organisé et logique avec une énergie calme et posée (énergie de bien-être).

Si vous mêlez une énergie de bien-être et de « calme intérieur » avec une personnalité logique et organisée, vous avez le profil de l'ami posé, sage et pacificateur et vous aurez tendance à guider et encourager les autres.

2. L'ami maternant

Vous êtes plutôt « cerveau droit » (créatif et sensible) doté d'une énergie calme et posée (énergie de bien-être). Avec une personnalité spontanée et créative, alors vous êtes l'ami empathique, qui comprend facilement les émotions des autres. Vous aimez aider et écouter votre prochain.

3. L'ami joyeux et optimiste

Vous êtes plutôt « cerveau droit » (créatif et sensible) avec une énergie orientée vers l'action. Vous êtes le bout-en-train, considéré comme l'ami de tous, vous vous entendez avec tout le monde. De nature optimiste, vous avez tendance à être au centre de l'attention.

4. L'ami loyal et authentique

Vous êtes plutôt « cerveau gauche » organisé et logique avec une énergie orientée vers l'action. Moins en phase avec vos émotions, vous êtes orienté sur l'action et êtes sélectif en amitié. Vous êtes juste, honnête et franc envers vos amis.

Découvrez vos savoir-faire et vos talents

La connaissance de soi est une étape incontournable pour tisser des liens d'amitié car vous saurez précisément ce que vous avez à offrir à vos futurs amis.

Pour découvrir vos talents, voici une technique en trois étapes clés. Rappelez-vous vos réussites et posez-vous la question suivante : Que faites-vous de manière naturelle et avec plaisir ? Cela peut être dans votre environnement professionnel ou privé. C'est en général un savoir-faire qu'on vous reconnaît de longue date.

Notez spontanément ces différentes tâches ou activités pour lesquelles vous éprouvez une grande satisfaction.

Allez explorer aussi du côté de vos passions éventuelles, vos loisirs et hobbies pour identifier ces savoir-faire.

Demandez-vous ensuite, pour chaque tâche ou activité, les éléments ou les actions qui vous plaisent plus particulièrement. Par exemple, si vous gérez des équipes, qu'est-ce qui vous semble le plus facile et le plus plaisant ? d'initier de nouveaux projets ? ou plutôt le fait d'être à l'écoute de vos collaborateurs ?...

IDENTIFIEZ LE CRITÈRE DE LA FACILITÉ

Peut-être avez-vous déjà remarqué que ce qui vous semble facile à VOUS ne l'est pas forcément pour les autres.

Repensez donc à tout ce qui vous paraît facile et naturel, et notez-les.

- Quelles sont les tâches ou activités pour lesquelles vous recevez le plus de compliments et de signes de reconnaissance positifs ?
- Quelles sont les actions pour lesquelles on vient régulièrement vous demander de l'aide ? Pensez un instant aussi à ce que vous aimiez faire étant enfant : à quels jeux aimiez-vous jouer ? Dans quelles activités preniez-vous du plaisir à vous investir ?

POUR INFO :

Il existe aussi des questionnaires en ligne pour mieux cerner votre personnalité.

Faites le point sur vos qualités

On entend par qualité le trait de caractère, la manière de faire ou d'être apprécié positivement par les autres.

Mettez-vous dans un endroit calme, propice à la réflexion et de façon spontanée et sans vous censurer, complétez cette phrase par des adjectifs à connotation positive :

« Mes amis disent de moi que je suis.......................... »

Pour enrichir vos réponses, demandez à une dizaine de personnes de votre entourage :

- Selon toi, quelles sont mes principales qualités ?
- Pour quelle qualité principale me recommanderais-tu à quelqu'un que tu aimes bien ?

Vous pourrez ainsi identifier la qualité qui revient le plus souvent dans ces réponses. Appuyez-vous sur cette qualité et visualisez-la à chaque fois que vous vous apprêtez à entrer en relation avec autrui.

Cette astuce vous donnera confiance en vous et vous permettra d'être positif avant toute rencontre.

Clarifiez vos objectifs

Qu'attendez-vous de la relation amicale ?

- **Posez-vous la question en amont** afin d'envisager avec l'autre des relations fondées sur les mêmes souhaits et les mêmes valeurs.
- **Projetez-vous dans une situation idéale** et imaginez ce que vos amis vous permettraient de vivre ou de réaliser.

Vous pouvez avoir envie de rencontrer de nouveaux amis pour être moins seul, pour agrandir et enrichir votre réseau existant, pour vivre de nouvelles expériences culturelles, sportives...

Ou aussi pour créer du lien social, reprendre confiance en soi, se sentir apprécié et écouté, partager des moments forts ou tout simplement aider les autres et donner de votre temps.

En fonction de vos attentes, de nombreuses actions sont possibles. Fréquenter une association, pratiquer un sport d'équipe, faire du bénévolat, assister à des conférences, participer à des ateliers créatifs parents/enfants, des apéros *networking* (réseautage) professionnels, des stages de danse, d'impro, de randonnées.

Transformez vos peurs en désirs

Halte aux croyances négatives !

Vous pensez que vous ne rencontrerez jamais personne, que vous êtes trop vieux, pas intéressant, trop timide ?

Ces croyances négatives vous empêchent de rentrer en contact avec les autres. Une croyance négative ou limitante est une pensée répétée que vous considérez comme vraie mais qui vous empêche d'agir et vous bride dans votre désir de rencontre amicale.

Derrière toute croyance négative se cache une peur. De quelle peur vous sentez-vous envahi ? Peur du rejet, peur de ne pas plaire, peur de l'échec ?

Bonne nouvelle : Peurs et désirs sont souvent proches ! Derrière vos peurs se cache un puissant désir : peut-être celui de plaire, de s'entourer, de communiquer, d'aimer, de transmettre...

- Listez toutes vos peurs, blocages, mauvaises pensées qui vous freinent dans votre vie.
- Reprogrammez de nouvelles pensées.

• Cherchez dans vos expériences passées des faits ou des propos de votre entourage qui viendraient détrôner vos croyances limitantes.

FACE À VOTRE PEUR DU REJET, TENTEZ CET EXERCICE

• Remontez dans vos souvenirs positifs, même anciens, et listez les événements où vous avez été invité et apprécié dans la sphère personnelle ou professionnelle.
• Ressentez et appréciez les émotions positives (joie, bien-être, par exemple) liées à ces souvenirs.
• Ancrez ce souvenir positif dans votre esprit pour le transformer en nouvelle croyance qui va nourrir votre vie d'une façon beaucoup plus riche que la croyance négative précédente.

CONSEIL DU COACH

Vous souhaitez inviter vos voisins pour faire plus ample connaissance et vous avez peur qu'ils s'ennuient en votre présence ?

• Commencez par inviter les deux personnes les plus agréables de votre immeuble.
• Vous n'êtes pas à l'aise en cuisine ? Proposez l'apéritif.

RÈGLE 9

Identifiez vos centres d'intérêt

Nouez des relations avec des personnes qui partagent les mêmes centres d'intérêt que vous !

Faites l'inventaire de tous les domaines par catégorie et faites une liste de tous vos centres d'intérêt et de vos passions.

- **Dans la littérature,** quel genre littéraire appréciez-vous ? : science-fiction, bande dessinée et romans.
- **Au niveau sportif,** quel sport vous attire même si vous ne le pratiquez pas et sur le plan artistique : vous êtes plutôt peinture, théâtre, cinéma ?
- **Au niveau des voyages,** quels seraient les nouveaux pays ou régions que vous souhaiteriez visiter ?
- **Pratiquez régulièrement vos passions** afin de nouer des contacts avec des personnes qui partagent les mêmes plaisirs.
- À la fin de votre cours de yoga, de cuisine, ou de théâtre, proposez de prendre un pot ou de partager un repas au restaurant.

Sachez vous présenter

Les cinq premières minutes sont importantes dans une rencontre.

• **Présentez-vous brièvement.** Si vous commencez par un bonjour en regardant la personne dans les yeux et en arborant un joli sourire, vous avez déjà fait la moitié du chemin ! Donnez votre prénom et rajoutez votre nom de famille si c'est dans un contexte plus professionnel.

• **Retenez les prénoms.** En arrivant parmi un nouveau groupe de personnes, essayez de faire connaissance avec chacun d'entre eux et retenez rapidement leur prénom.

Pour cela, dès qu'une personne vous donne son prénom, insérez-le à plusieurs reprises dans la conversation. Les gens apprécient cette attention, c'est une marque de respect. Cela permet d'enclencher naturellement la conversation et de rentrer en relation d'une manière positive et personnalisée.

Développez votre confiance en vous

Commence par t'aimer toi-même si tu veux que les autres t'aiment.

L'amitié n'est pas réservée aux chanceux et aux beaux parleurs. Tout est une question de méthode et de prise de conscience de vos talents et de vos compétences.

Rappelez-vous votre dernière expérience amicale réussie : dans quel contexte aviez-vous rencontré ces amis ? Remémorez-vous la scène, comment cela s'est passé, qu'avez-vous fait ou dit qui a plu ?

PRÉPAREZ-VOUS MENTALEMENT

Si vous vous sentez nerveux à l'idée de devoir parler à de nouvelles personnes, imaginez que vous connaissez cette personne depuis très longtemps et que vous êtes comme de vieux amis heureux et impatients de se retrouver.

Grâce à ces pensées, votre cerveau va se mettre dans un état d'esprit positif et s'orienter vers un comportement d'ouverture.

Adoptez la bonne posture. Une bonne façon de renforcer votre confiance en vous et de vous voir comme une belle personne, souriez sincèrement et prenez une posture physique d'accueil et d'ouverture. Non seulement cela vous mettra en confiance mais votre interlocuteur aussi.

Plus on a confiance en soi, moins on se sent dans le besoin d'adopter une position défensive. Cela nous permet d'être avenant et à l'écoute.

MON CONSEIL :

En renforçant votre confiance en vous, vous inspirerez confiance à votre tour. À l'aise avec les autres, vous entretiendrez avec eux des rapports plus harmonieux et sains ; on recherchera plus naturellement votre compagnie.

Entraînez-vous à la visualisation positive

La visualisation positive permet de dépasser vos appréhensions et vos peurs et d'aborder ainsi vos rendez-vous importants en confiance.

Vous avez des projets de sortie pour faire de nouvelles connaissances mais vous avez des appréhensions et manquez de confiance en vous.

Quelques jours avant cet événement et jusqu'au jour J, pratiquez la visualisation positive, afin de programmer votre cerveau vers la réussite.

POUR CELA, VOICI UN EXERCICE DE VISUALISATION SIMPLE ET EFFICACE

- **Pensez à une situation** dans laquelle vous aimeriez vous trouver ou d'un aspect de votre vie que vous souhaiteriez améliorer.
- Installez-vous confortablement, dans un endroit calme où vous ne risquez pas d'être dérangé.
- **Détendez complètement votre corps, en respirant profondément** et lentement, avec le ventre, et

comptez jusqu'à dix en appréciant les sensations de détente au fur et à mesure que vous comptez.

- **Lorsque vous vous sentez profondément relaxé,** placez-vous dans la scène et imaginez que tout se déroule comme vous le souhaitez.
- **Imaginez le décor, l'ambiance, les couleurs,** les différentes personnes présentes, formulez les propos des différents personnages.
- **Ressentez toutes les émotions positives générées** par la visualisation de cette scène.
- Maintenant, tout en gardant à l'esprit l'image ou l'idée, formulez mentalement une affirmation très positive : « Je suis invité à une soirée, j'arrive parmi un groupe de personnes sympathiques. Nous faisons connaissance, l'ambiance est conviviale et nous discutons avec entrain. »

MON CONSEIL :

Amusez-vous ! Cette expérience de visualisation positive doit être tout à fait agréable, laissez-vous aller, soyez comme un enfant qui rêve à l'idée de partir en vacances.

RÈGLE 13

Soyez optimiste et positif

« Un pessimiste voit la difficulté dans chaque opportunité, un optimiste voit l'opportunité dans chaque difficulté. » Winston Churchill.

Il a été prouvé scientifiquement que les gens positifs vivent mieux et plus longtemps que ceux qui broient du noir.

NE BUVEZ PLUS LE VERRE À MOITIÉ VIDE !

À force d'être connecté constamment aux actualités, aux alertes sur votre smartphone, votre esprit est inondé d'ondes et de messages négatifs, ce qui génère ainsi une posture et un état d'esprit pessimistes.

Au lieu de ruminer en boucle ces pensées déprimantes, développez des pensées positives, vous serez plus enclin à saisir au vol de nouvelles opportunités et être créatif dans vos choix de sorties.

REPROGRAMMEZ LE POSITIF AUTOUR DE VOUS

Commencez par lire des livres ou des articles de blog sur la psychologie positive et la pensée positive ; visionnez des vidéos, des conférences TEDx. **Exemples** : participez à des ateliers de coaching en développement personnel ; regardez des comédies américaines des années 1950 qui mettent en scène des personnages dont l'attitude et la posture positives vont changer le cours de leur histoire.

ASTUCE DU COACH :

Vous constaterez que ces astuces vont changer petit à petit votre vision de la vie, augmenter votre enthousiasme face à vos projets et vous donner un mental de gagnant.

Listez les lieux à fréquenter

Choisissez des lieux en fonction de vos centres d'intérêt et qui sont propices aux rencontres.

Pour faire une liste exhaustive de tous ces lieux, utilisez la méthode du *Mind Mapping** afin d'obtenir des réponses diverses et variées.

- Sur une grande feuille de papier, placez au centre les trois qualités ou centres d'intérêt qui vous caractérisent puis, du centre, dessinez de grandes flèches au bout desquelles vous inscrivez tous les lieux et situations de rencontres possibles.
- **Par exemple** : soirées *networking*, sorties culturelles, soirées à thème, sorties théâtre, clubs de lecture, associations de loisirs et culturelles (clubs de lecture, clubs de théâtre...).
- **Pensez également aux salons professionnels, aux ateliers de développement personnel et professionnel.**
- Si vous jouez d'un instrument ou si vous chantez, pensez à faire partie d'un orchestre ou d'une

chorale. Puis pour chaque catégorie, notez les adresses afin de vous y rendre pour leur demander des renseignements.

• **Pensez aussi à fréquenter des lieux de culte si vous êtes pratiquant.** Ces communautés religieuses sont des lieux propices pour se faire des amis, car vous y rencontrerez des personnes qui partagent votre foi, vos valeurs et votre religion.

• De plus, ces communautés organisent de nombreuses activités. Allez vous inscrire dès la rentrée de septembre.

ASTUCE :

Consultez l'annuaire des activités culturelles et sportives à la mairie de votre ville. Vous aurez une liste complète de toutes les associations par type d'activité. Ils organisent en général des portes ouvertes régulièrement et vous aurez la possibilité de dialoguer avec les responsables mais aussi les adhérents. Pour les clubs de théâtre, assistez à leur spectacle de fin d'année.

*Un *mind map* (ou carte mentale) est un graphique représentant des idées, des tâches, des mots, des concepts-clés qui sont liés entre eux autour d'un sujet central.

Faites du bénévolat

Œuvrer pour la même cause permet de tisser du lien social de manière sincère et authentique.

METTEZ À PROFIT VOS TALENTS

Identifiez la passion, le savoir-faire particulier ou l'expertise développée lors de votre ancien métier que vous pourriez mettre en avant dans des missions bénévoles.

Identifiez les causes qui vous tiennent à cœur : repérez les valeurs qui sont importantes pour vous (*cf.* règle n° 3) et listez également les causes auxquelles vous êtes sensible et qui vous pousseraient à remuer ciel et terre (par exemple : la faim dans le monde, l'accès à l'éducation pour tous, la lutte contre l'isolement social, l'inégalité homme/femme...).

LISTEZ LES DIFFÉRENTES ASSOCIATIONS PROCHES DE CHEZ VOUS

Un très grand nombre d'associations sont en recherche constante de bénévoles.

Faites une recherche sur Internet et écrivez une liste avec quelques noms d'associations susceptibles de vous intéresser.

Contactez-les afin de voir quels seraient votre rôle et votre contribution en temps d'investissement. Puis choisissez l'association qui vous convient le plus sur le plan organisationnel et sur le plan des valeurs.

DE GRANDS BÉNÉFICES

Vous connaîtrez des personnes avec des idées similaires aux vôtres et vous vous sentirez utile de venir en aide à des personnes dans le besoin (soutien professionnel, scolaire, bricolage, aide aux personnes âgées...).

ASTUCE :

Pensez également aux réseaux professionnels de retour à l'emploi, d'entrepreneurs... Ce sont des endroits qui brassent du monde. Travailler sur le même objectif peut vous rapprocher et vous permettre de développer entraide et amitié.

Engagez-vous en politique

Vous êtes sensible au développement économique de votre quartier, à la politique de la ville en matière de culture ou d'urbanisation... La politique mérite que vous vous y intéressiez.

• Militer au sein d'un parti est une activité prenante et source de nouvelles rencontres.

Soyez actif dans votre localité : s'inscrire dans un parti ou adhérer à des comités de quartier *via* les mairies sont un excellent moyen pour rencontrer un grand nombre de personnes.

Choisissez votre parti politique : visitez la section locale de votre parti, intéressez-vous à leurs projets et proposez votre aide.

• En devenant adhérent, vous allez participer aux débats, à des meetings, à des réunions de projet et à la construction du programme, et ainsi créer des liens amicaux avec certains des militants.

Inscrivez-vous à une formation

La rentrée est un moment propice pour prendre de nouvelles résolutions. Formez-vous en joignant l'utile à l'agréable !

Apprenez une nouvelle langue ou une nouvelle discipline.

Que diriez-vous d'apprendre la langue que vous rêviez depuis longtemps, de prendre des cours de photographie ou de graphisme ? Vous allez vous retrouver avec un nouveau groupe de personnes, c'est idéal pour faire de nouvelles connaissances rapidement.

Renseignez-vous auprès de votre ville, certains cours sont gratuits.

Vous pouvez aussi vous inscrire à des formations en ligne (telles que des Moocs*).

La plupart de ces cours vous proposent de participer à un forum de discussion en ligne, ce qui vous permet de partager et d'échanger avec tous les étudiants.

*Les Moocs sont des cours en ligne souvent gratuits, ouverts à tous.

RÈGLE 18

Profitez des réseaux sociaux

pour nouer des contacts

Les premiers contacts passent souvent par la voie des réseaux professionnels ou de sites de rencontres comme Facebook, Pinterest, Instagram, Snapchat, Meetup… **Ces réseaux sont des facilitateurs et des accélérateurs qui amorcent et enrichissent les relations.**

INTERNET, MODE D'EMPLOI

Internet est l'endroit idéal pour apprivoiser votre timidité car vous pouvez rentrer en contact rapidement avec de nouvelles personnes à travers le monde et nouer des amitiés avec des gens qui partagent les mêmes passions et intérêts que vous.

Passez du temps à vous informer et à lire les différents commentaires et avis de chacun par rapport au sujet amené.

CRÉEZ DU LIEN

Vous pouvez prendre part à une conversation avec des profils de personnes qui ont des intérêts similaires aux vôtres afin de faire plus ample connaissance et dialoguer avec eux ou même demander des conseils.

Vous pourrez aussi vous connecter avec ceux avec lesquels vous avez le plus d'affinités ou de points communs afin qu'ils rejoignent votre réseau privé ou groupe d'amis.

CRÉEZ VOTRE GROUPE DE DISCUSSION

Quand vous aurez un peu plus la main, vous pourrez aussi créer votre propre groupe sur un sujet ou un objectif qui vous passionne. Vous inciterez ces contacts à rejoindre ce groupe en laissant un commentaire par message privé.

Attention à bien lire les règles d'administration et de confidentialité de ces réseaux. Évitez, si ce n'est pas le propos, sous peine d'être résilié du groupe, de faire de la publicité commerciale et professionnelle ou bien de tenir des propos déplacés ou hors sujet.

Accrochez le regard

Le regard est sans aucun doute la partie du visage qui exprime le plus de nous-mêmes. « Les yeux sont le miroir de l'âme. »

Dans la communication, il y a les mots mais il y a aussi toute la gestuelle, c'est ce que l'on appelle la communication non verbale : donner une poignée de main, poser une main sur l'épaule, croiser les bras... Le regard en fait partie. Il est l'élément essentiel de la communication non verbale.

L'IMPORTANCE DU REGARD ENTRE DEUX PERSONNES

Le regard est essentiel. Il suscite le contact avec son interlocuteur, attire et capte son attention. Il facilite la perception des réactions de son interlocuteur, en vérifiant son écoute et sa réceptivité. Il permet de s'assurer de la compréhension du message émis et de s'appuyer sur celui-ci pour approfondir la conversation et créer ainsi au fil du temps un lien sincère.

REGARDEZ DANS LES YEUX

Lorsqu'une personne vous parle, regardez-la dans les yeux, afin de rester concentré. Mettez votre téléphone à l'écart et éloignez toutes les autres sources de distraction. Ne l'interrompez pas et, si vous avez un conseil ou un commentaire à faire, attendez que cette personne ait fini sa phrase avant d'intervenir.

LE REGARD DANS UN GROUPE

Lorsque vous êtes dans un groupe, pensez à regarder chaque personne tour à tour afin d'interagir et de rentrer en contact avec chacune d'elles. Dans un groupe plus nombreux, regarder chaque personne tour à tour avec attention et bienveillance vous rendra plus sympathique et ouvert.

LE SAVIEZ-VOUS ?

Le non-verbal compte plus que les mots dans une communication. Il compte à 93 % alors que le verbal compte à 7 % !

Alors misez tout sur le regard, le sourire et la gestuelle.

RÈGLE 20

Faites le premier pas

et engagez la conversation

Lorsque vous souhaitez enclencher la conversation avec quelqu'un que vous ne connaissez pas, il s'agit de « briser la glace » et d'introduire rapidement un sujet de discussion.

COMMENT ?

• Introduisez la conversation avec des points communs. Par exemple, échangez sur vos liens par rapport à l'hôtesse et aux autres personnes présentes.
• Utilisez les circonstances autour de vous et n'attendez pas que l'autre vienne vous parler.
• Profitez du contexte ou de votre ressenti sur la situation présente pour introduire une conversation. Cela pourrait être : la météo, le trafic, les résultats sportifs, l'actualité... Une fois la discussion entamée avec succès, faites attention à ne pas monopoliser toute la conversation.

OBSERVEZ LES PERSONNES PRÉSENTES

Notez les détails (vêtement, bijou, insigne, etc.) qui vous permettront de rentrer en conversation, par exemple en posant une question ou en faisant un compliment.
Posez des questions ouvertes pour faire plus ample connaissance : comment connaissez-vous l'organisateur de la soirée ? Que pensez-vous de... ?

SOYEZ À L'ÉCOUTE DE VOTRE INTERLOCUTEUR

L'ensemble de votre discussion doit vous servir à créer du lien et sympathiser.
Écoutez attentivement les propos de votre interlocuteur afin de trouver des affinités et des points communs. Pensez bien à garder le fil de la discussion en évitant de changer brusquement de sujet, car vous allez perdre votre interlocuteur dans une conversation superficielle.

CONSEIL :

Une très bonne technique pour mémoriser les noms et prénoms est d'associer un détail physique à un nom.

Soyez à l'écoute de l'autre

« Parler est une nécessité, écouter est un art. »
Goethe

Une bonne écoute demande avant tout de se montrer disponible et entièrement présent à son interlocuteur.

Vous devez accueillir ses émotions et comprendre ce qu'il ressent sans aucune intention de le juger.

VOICI QUELQUES CONSEILS À RESPECTER

Écouter votre ami(e) sans l'interrompre dans un premier temps : lorsqu'un proche vous confie ses souffrances, il est inutile de lui dire ce qu'il devrait faire, ni prétendre analyser ou interpréter ce qu'il vit.

« Si tu es dans cette situation, c'est à cause de... »

Sans une demande de sa part, votre ami n'a pas besoin d'entendre ce genre de paroles car il ne pourrait que régresser dans son cheminement personnel.

Écoutez-le pour capter la situation de son point de vue et comprendre ce qu'il vit.

RESTEZ 100 % CONCENTRÉ SUR L'AUTRE

Nous sommes souvent tenté, lorsqu'un proche nous confie sa souffrance, de rebondir immédiatement sur ses propos « oui, c'est comme moi, il m'est arrivé la même chose… ». C'est une attitude qui ramène l'attention sur vous-même alors que l'objectif est d'accueillir les souffrances ou les joies de votre ami.

Par la suite, pratiquez une écoute active et posez des questions utiles pour faire avancer votre interlocuteur dans sa réflexion.

Reformulez avec vos mots certaines phrases importantes de votre ami. D'une voix posée et calme, reformulez sans fausser le sens, avec des mots clairs, ce que vous avez compris de la situation de votre ami. Cette dernière étape vise à instaurer un véritable climat de respect, d'estime et de confiance entre vous et votre ami.

POUR INFO :

L'écoute active est une technique de communication développée par le psychologue américain Carl Rogers qui consiste à utiliser le questionnement et la reformulation afin de s'assurer que l'on a compris au mieux le message de son interlocuteur.

Gardez le sourire

Le sourire est un des meilleurs moyens pour entrer en relation, créer du lien et faire rentrer le positif dans votre vie.

- **Le sourire : votre meilleure carte de visite**

Quand vous souriez, votre visage devient lumineux, il projette des ondes positives autour de vous et il rassure. Il vous rend plus sociable et ouvert tandis qu'un visage sombre et fermé inquiète et repousse...

- **Le sourire : créateur de lien et de complicité**

On a plus facilement tendance à s'ouvrir à un interlocuteur souriant et partager avec lui des informations plus personnelles. Le sourire est essentiel dans la séduction. De plus un sourire sincère est toujours contagieux.

- **Le sourire ne peut se dissocier du regard**

Exprimé uniquement avec la bouche, il se limite à une grimace hypocrite. C'est par le « regard souriant » que nous attirons la sympathie, tous les muscles du visage doivent être en synergie, la bouche et les yeux sont en mouvement.

Entraînez-vous, devant votre miroir, à sourire avec vos yeux, en remontant vos pommettes.

- **Le sourire : outil de séduction et de sympathie**

Le sourire doit surtout servir à charmer son auditoire, il illumine votre visage et envoie un message positif à votre interlocuteur. Instinctivement, vous réagirez positivement à un visage souriant et il facilitera l'adhésion de l'interlocuteur à vos idées.

- **Le sourire envoie au cerveau un message de bienveillance et de détente.**

Ce message envoyé est relayé ensuite par le cerveau à tout le reste du corps. Sourire est donc un moyen puissant pour favoriser votre bien-être intérieur.

À RETENIR :

Le sourire permet de changer son état d'esprit mais aussi de stimuler positivement son métabolisme grâce à la production d'endomorphine. Tentez l'expérience du sourire au moins cinq minutes par jour et observez les bénéfices directs que vous en tirez.

Soyez loyal

La loyauté et la confiance, bases de toute relation amicale, se méritent au quotidien.

La personne loyale est inspirée par les lois de l'honneur, de la probité, de la droiture et qui y obéit. La loyauté constitue indéniablement une preuve de respect envers autrui. Et sa marque de fabrique apparaît dans la fiabilité vis-à-vis de la parole donnée.

Respectez ainsi vos engagements et vos promesses. Vous avez promis de garder un secret qu'un ami vous a confié, de l'accompagner au cinéma, de l'aider sur son projet professionnel, par exemple. Faites dans les temps ce à quoi vous vous êtes engagé.

Si vous ne pouvez vraiment pas tenir la promesse que vous lui avez faite, expliquez-lui les raisons pour lesquelles vous ne pouvez plus les tenir. Ainsi votre amitié ne sera pas mise en péril du fait de vos manquements.

Faites preuve de constance. Il s'agit de tenir vos engagements sur le long terme et de faire preuve de fidélité. Prenez des nouvelles de votre ami régulièrement et ne laissez pas passer de longs mois sans l'appeler ou le voir.

Développez votre bienveillance

De multiples bienfaits.

La bienveillance est une disposition d'esprit qui incline à la compréhension, l'empathie et l'indulgence envers autrui. Les personnes bienveillantes sont sensibles aux humeurs des autres et savent reconnaître leurs émotions comme la tristesse, la frustration, la joie. Elles sont réactives et serviables.

Comment développer votre bienveillance envers vos amis ? Affûtez votre sens de l'observation : prêtez attention aux comportements de votre entourage et observez de près leurs ressentis et leurs besoins. Notez aussi les expressions faciales et les gestes de vos amis. Ce seront des indices pour vous aider à comprendre ce qu'ils pensent et ressentent vraiment.

Entraînez-vous à faire preuve de bienveillance : votre colocataire se prépare à passer un examen important et cela fait plusieurs jours qu'il n'a pas le temps de se nourrir correctement et qu'il veille tard. Préparez-lui un bon dîner. C'est une délicate attention.

RÈGLE 25

Intéressez-vous sincèrement à l'autre

Posez-lui des questions.

Partez du principe que chaque personne est ravie que l'on s'intéresse vraiment à elle. Tout individu que vous croiserez a sûrement quelque chose d'unique à vous apprendre.

Vous aurez aussi l'occasion d'élargir votre culture, de vous ouvrir à d'autres horizons, d'améliorer vos connaissances...

APPRENEZ À CONNAÎTRE VOTRE FUTUR AMI

Pour cela, posez à votre futur ami des questions de type ouvertes (dont la réponse ne sera ni oui, ni non). Ne demandez pas à une personne si elle aime voyager, mais plutôt quels sont ses meilleurs souvenirs de voyages et pourquoi. Ou encore, par exemple : « Comment avez-vous eu l'idée de faire ce voyage cet été, quels sports pratiquez-vous ? » Les réponses ainsi formulées vous serviront d'éléments pour approfondir et poursuivre vos échanges.

ÉCOUTEZ-LE ATTENTIVEMENT

Assurez-vous de retenir le plus d'informations possibles à son sujet (ses motivations, ses goûts...). Vous aurez ainsi une meilleure idée de la personnalité de votre interlocuteur et de ce qui est important pour lui. Vous aurez aussi des sujets de conversation ou d'intérêt pour reprendre contact avec lui par la suite.

OBSERVEZ-LE

La communication passe aussi par une bonne observation de l'autre. Observez comment s'exprime votre interlocuteur, quelle est sa posture, sa gestuelle.

À NOTER :

Pour rentrer dans la « bulle » de votre interlocuteur et qu'il se sente compris et en sécurité, parlez « sa langue » : utilisez ses mots et privilégiez ses tournures de phrase.

Exprimez votre gratitude

Les neurosciences l'ont prouvé : pratiquer la gratitude au quotidien est un gage de bonne santé physique et relationnelle.

Que signifie la gratitude ? Avoir de la reconnaissance pour un service ou un bienfait reçu (sentiment affectueux envers son bienfaiteur). La gratitude tend à développer des émotions positives en se concentrant sur les chances et les points positifs de sa vie.

LES BIENFAITS DE LA GRATITUDE

- **Elle favorise le lâcher-prise et l'optimisme.** C'est une attitude positive qui libère de la pression que vous vous infligez.
- **Elle vous réconcilie en quelque sorte avec la vie** en vous incitant à apprécier ce que vous possédez plutôt qu'à déplorer ce qui vous manque.
- **Elle valorise la relation aux autres** en favorisant l'altruisme et la générosité.

DITES : MERCI !

Regardez sincèrement votre ami droit dans les yeux et, en souriant sincèrement, **dites-lui : Merci !** Vous pouvez introduire votre remerciement en ajoutant une phrase du type « Je dois te dire quelque chose qui me tient à cœur ».

Prenez l'habitude de renforcer votre phrase avec un adverbe comme sincèrement, véritablement, vraiment... Il est aussi essentiel d'expliquer la raison pour laquelle vous remerciez votre ami et si vous lui offrez un cadeau, ajoutez-y un petit mot manuscrit.

SOYEZ CRÉATIF !

Vous pouvez aussi remercier d'une façon originale. Par exemple, envoyez à votre ami une belle photo souvenir de vous deux, ou composez-lui une musique *via* une application smartphone, écrivez-lui un poème, ou bien encore réalisez un clip vidéo en y intégrant votre remerciement.

Plus vous exprimez votre gratitude auprès de votre entourage et plus vous en serez apprécié !

Développez votre empathie

Ce trait de caractère aide à communiquer, à créer des liens et à mieux vivre avec les autres.

L'empathie consiste à se mettre « dans la peau » de l'autre pour mieux comprendre ce qu'il ressent, sans pour autant souffrir avec lui. Cette aptitude prouve à votre ami que vous comprenez ses ressentis et qu'il peut vous accorder toute sa confiance.

L'EMPATHIE PERMET D'AMÉLIORER SES RELATIONS SOCIALES

Mieux comprendre les sentiments et la vision de l'autre permet de mieux le connaître, de l'apprécier dans sa singularité et de se faire apprécier en retour. L'empathie favorise l'esprit d'acceptation et de souplesse de chacun.

INTÉRESSEZ-VOUS DAVANTAGE AUX AUTRES ET RESPECTEZ-LES

Oubliez vos propres principes, jugements, valeurs,

pour mieux accueillir et comprendre les opinions et sentiments de vos amis. Il s'agit de voir le problème du point de vue de l'autre et de lui montrer que l'on respecte sa manière de penser ou de vivre sa situation. Acceptez les différences de comportements, de pensées, d'opinions...

Sachez écouter : écoutez votre ami sans l'interrompre et posez-lui des questions pour encore mieux comprendre sa vision et ses sentiments.

QUELQUES ASTUCES POUR DÉVELOPPER VOTRE EMPATHIE

Apprenez à mieux ressentir ses émotions sans lui délivrer un jugement de valeur (soyez sensible à sa souffrance, sa joie, sa tristesse...).
Soyez un véritable miroir : il ne s'agit pas d'interpréter « Ton problème c'est... » mais de se faire l'écho de ce qu'il ressent : « Ainsi tu ressens... »

AIDE-MÉMOIRE :

Pour vous aider à le comprendre ou lui poser les bonnes questions, aidez-vous de la carte d'empathie à la fin de l'ouvrage.

Soyez dans le non-jugement

Et respectez l'opinion des autres.

Le non-jugement est une qualité essentielle pour qu'un climat de confiance soit présent dans la relation. Vous souhaitez vous faire des amis sincères, ne les jugez pas et soyez tolérant envers eux.

Acceptez l'autre tel qu'il est et en acceptant ses qualités mais aussi ses faiblesses, ses peurs et ses contradictions... C'est une attitude empreinte de respect et de considération qui favorise la confiance et le lien amical.

« Tu ne devrais pas réagir comme ça » ; « Tu es en train de gâcher ta vie »...

Ces jugements peuvent blesser votre ami car en voulant bien faire, ce rôle de gendarme peut l'infantiliser.

Optez pour un positionnement neutre. Dans un premier temps, écoutez-le et prenez le temps de rassurer votre ami. Ne donnez votre avis que lorsqu'on vous le demande.

Soyez sincère et authentique

pour développer une relation de qualité

S'engager dans une véritable amitié sincère implique transparence et respect mutuel. Soyez authentique et n'hésitez pas à faire preuve de franchise. Si vous avez des préoccupations, dites-le à votre ami. Cela lui permettra de mieux comprendre votre mauvaise humeur du moment en cas de soucis.

Ne soyez pas opportuniste. N'essayez pas d'être ami à tout prix avec une personne simplement car elle a un excellent réseau ou qu'elle peut vous être utile. Ce manque de sincérité fausserait la relation dès le départ et lui donnerait un caractère superficiel. D'autre part, vos mauvaises intentions pourraient se voir rapidement au grand jour.

Soyez vrai. N'essayez pas d'aller contre votre nature, en changeant votre personnalité ou en allant à l'encontre de vos valeurs et de vos ambitions. Restez vous-même et liez-vous d'amitié avec des personnes qui vous aiment tel que vous êtes.

Osez complimenter

C'est un signe de reconnaissance et d'attention.

Complimenter quelqu'un c'est le féliciter d'un mérite quelconque par des paroles positives.

DU DOIGTÉ ET DE LA SUBTILITÉ

Le compliment est sans nul doute le moyen le plus direct pour valoriser autrui, mais sa mise en œuvre est subtile. Car si l'on veut l'exercer avec honnêteté, encore faudra-t-il user dudit compliment de façon mesurée et sans trace de flatterie servile.

COMMENT COMPLIMENTER ?

Il est nécessaire d'être sincère et que ces compliments viennent vraiment du cœur. Complimenter crée une émotion positive chez celui qui reçoit le compliment, mais aussi chez celui qui offre ces belles paroles. C'est pourquoi dispensez vos appréciations positives avec attention.

Observez votre entourage : intéressez-vous aux réussites de vos amis, leur force de caractère, leur histoire et félicitez-les.

- **Formulez en toute simplicité** ce que vous appréciez chez votre ami.
- **Commencez vos phrases par : j'ai apprécié la façon dont tu as...** « J'aime particulièrement le courage dont tu as fait preuve ces derniers temps. » ; « Bravo pour... ».
- **En le complimentant, vous lui montrez de l'intérêt et de l'attention.** Mais il faut pour cela être doté d'une faculté d'écoute véritable.

Votre amitié sera alors fondée sur des bases profondes et sincères et vous attirerez estime et respect de l'autre.

Soyez affirmé

et fixez vos limites

Vos amis ont tendance à abuser de votre gentillesse, à vous solliciter ? Pas facile de poser ses limites... surtout auprès de ses proches !

« NON ! »

Trop souvent, vous n'osez pas dire non et acceptez des choses qui ne vous conviennent pas. Vous avez envie d'aider vos amis mais vous pourriez vite vous laisser déborder.

Source de conflits et de fortes émotions négatives, votre trop grande gentillesse risque de porter préjudice à votre relation.

Il est important de fixer des limites claires dès le début de la relation afin de construire la relation amicale sur de bases saines et durables. Si vous n'acceptez pas un fait, une parole ou un geste, dites-le ! Sur un ton posé et non agressif : « Quand tu élèves le ton ou que tu m'appelles tard le soir, je suis mal à l'aise et je ne me sens pas respecté. »

SOYEZ ASSERTIF

L'assertivité est un terme basé sur l'anglais *assertiveness* lequel vient du verbe *to assert* qui signifie : défendre ses droits, ses opinions. Le comportement assertif est celui qui va permettre de trouver un terrain d'entente entre deux parties. Personne ne doit être lésé : l'assertivité est entre la soumission et l'agression.

ASTUCE :

Pour fixer ses limites en douceur, proposez une alternative : « Je comprends ton souci ou ton besoin, simplement je suis occupé en ce moment et je te propose de m'appeler après-demain à partir de midi. »
Votre ami se sentira compris et rassuré sur votre amitié et le fait que vous faites votre possible dans le respect de vos limites.

Développez l'effet réseau

S'investir dans un réseau nécessite du temps, de l'énergie et une réelle ouverture aux autres.

Vos motivations peuvent être nombreuses à fréquenter des réseaux que ce soit sur le plan personnel ou même professionnel. De nombreux réseaux existent avec des missions diverses comme ceux dédiés à l'entrepreneuriat, à l'emploi, des réseaux sportifs, de retraités…

Vous souhaitez trouver un emploi, rencontrer de nouveaux partenaires de travail, sachez qu'en adhérant à ces groupes vous allez échanger, partager et rencontrer des personnes susceptibles de devenir par la suite de belles relations amicales.

QUEL RÉSEAU CHOISIR ?

Vous pouvez adhérer à plusieurs réseaux et ainsi multiplier vos sources de contacts. Ils organisent régulièrement des petits déjeuners ou soirées pour faire connaissance et y présenter leur mission.

Pensez aux réseaux des anciens étudiants de votre université, les réseaux économiques de la chambre de commerce, les clubs business de votre commune. Il existe aussi des réseaux dédiés spécifiquement aux femmes.

Inscrivez-vous également aux réseaux virtuels comme Viadeo ou LinkedIn…

LES BONNES PRATIQUES

- **Soyez altruiste :** avant de penser à ce que vous pouvez gagner à entrer en relation avec telle ou telle personne, demandez-vous en priorité comment vous pourriez lui être utile.
- **Ne comptabilisez pas ce que vous pouvez apporter aux autres :** ayez l'esprit réseau et partagez avec le groupe, des informations, des bons plans et des contacts. Cette démarche généreuse est un bon moyen pour nouer des liens solides.
- **Prenez l'habitude de garder le contact.** Demandez ou donnez de vos nouvelles surtout si vous avez été recommandé ou mis en relation.

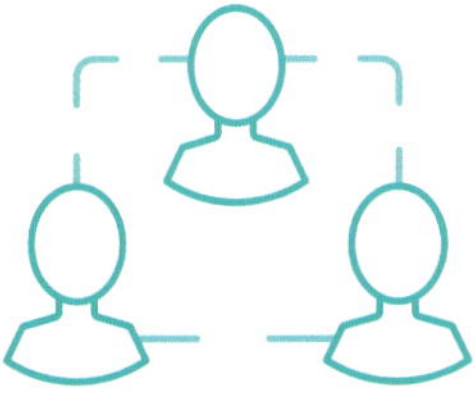

Soyez ouvert

et force de proposition

Prendre des initiatives permet de s'attirer la sympathie de vos relations. Vous rencontrez une personne à une soirée, un événement professionnel mais vous n'avez pas beaucoup de temps pour faire connaissance.

PROPOSEZ-LUI DE VOUS REVOIR

Invitez cette personne à prendre un café ou à déjeuner ensemble. Donnez-lui votre adresse électronique ou votre numéro de téléphone. Il pourra vous contacter s'il le souhaite.

Vous pouvez utiliser ce genre de tournure de phrase : « Je dois partir, mais si vous souhaitez continuer notre conversation pour le déjeuner ou le café, vous pouvez m'appeler à ce numéro ou m'envoyer un mail à cette adresse. »

PROPOSEZ UNE DEUXIÈME RENCONTRE

La première rencontre est importante mais elle doit conclure sur une possibilité d'une deuxième rencontre. Prenez des initiatives et organisez une soirée avec les personnes avec qui vous venez de sympathiser. Proposez-leur une date qui sera notée et validée dans vos agendas respectifs.

FAITES PREUVE D'INITIATIVE

Lors de votre discussion, vous vous apercevez que vous partagez une même passion, demandez à votre interlocuteur à quel club ou association il appartient afin que vous puissiez visiter son club ou invitez-le à venir découvrir votre groupe (club de sport, groupe de théâtre, club photo...), programmez alors immédiatement une date sur vos agendas.

ASTUCE :

Pensez à avoir des cartes de visite sur vous. Si vous n'avez pas le temps de noter son numéro de téléphone ou d'enregistrer le sien, c'est un geste rapide qui permet de laisser une trace concrète de votre rencontre et ainsi de pouvoir être recontacté plus spontanément.

Soignez votre look

Si l'apparence physique a toute son importance dans une rencontre, elle doit rester en accord avec votre personnalité.

Le regard que vous portez sur votre apparence physique aura une influence sur votre comportement et de vos relations.

AMÉLIORER SON LOOK

Il est dans votre intérêt d'avoir une bonne image de vous-même pour attirer des personnes positives dans votre cercle amical.

Voici quelques pistes pour soigner votre apparence physique et renforcer votre image positive : concentrez-vous sur ce que vous aimez physiquement en vous.

Observez-vous devant la glace et relevez vos atouts physiques : la forme de votre visage, vos cheveux, votre silhouette. N'hésitez pas à demander l'avis de professionnels du relooking pour vous aider à trouver la coiffure ou le maquillage qui mettra en valeur vos traits.

PORTEZ UNE ATTENTION PARTICULIÈRE AU CHOIX DE VOS TENUES VESTIMENTAIRES

Les vêtements que vous portez ont également un impact sur votre image mais aussi sur votre mental. Choisissez-les avec minutie et sélectionnez-les en accord avec votre personnalité et votre teint de peau. Ils doivent révéler votre personnalité et mettre en avant vos points forts mais en aucun cas prendre toute la place.

Ils sont là aussi pour que vous soyez à l'aise et vous mettre en confiance. Ne vous acharnez pas à acheter des vêtements qui ne vous conviennent pas, sous prétexte qu'ils sont à la mode ou en solde.

Comme pour la coiffure, faites-vous aider avec un *personal shopper*. (Le *personal shopper* est un professionnel de la mode qui vous accompagne et vous conseille lors de votre shopping.)

CONSEIL :

Soigner son look passe aussi par une bonne hygiène de vie. Prenez l'habitude de faire de l'exercice physique quotidiennement. (Trente minutes déjà suffisent pour vous maintenir en forme.)

Développez les marques d'attention

pour enrichir la relation

Une autre façon de vous montrer prévenant et attentionné envers vos amis est de vous manifester d'une façon ou d'une autre même lorsque vous n'êtes pas ensemble.

DEMANDEZ DES NOUVELLES RÉGULIÈREMENT

Prenez l'habitude de vous manifester régulièrement. N'hésitez pas à leur envoyer un texto ou passez-leur un coup de fil. Que ce soit pour leur souhaiter leur anniversaire, prendre des nouvelles de leur santé ou tout simplement pour leur souhaiter une bonne journée, toutes ces délicates attentions sont primordiales dans la relation.

Ne laissez pas s'écouler de longues semaines sans donner de nouvelles. C'est une marque de respect et cela prouve que la relation compte pour vous.

SOYEZ ATTENTIONNÉ ET ATTENTIF AUX BESOINS DE VOS AMIS

Même si votre ami ne l'exprime pas clairement, observez s'il a besoin d'aide. Si votre ami ne donne plus trop de ses nouvelles, cela veut peut-être dire qu'il traverse en ce moment une passe difficile.

Alors n'attendez pas qu'il vous appelle ; soyez présent et à son écoute. Essayez de le divertir pour l'aider à mettre à distance ses problèmes du moment. Invitez-le à prendre un café ou proposez-lui de partir en week-end pour s'aérer.

ASTUCE :

Pensez aussi à offrir de petits cadeaux sans raison particulière mais tout simplement au nom de votre amitié. Cela peut être un bijou, une invitation au théâtre ou un objet qu'il convoitait depuis longtemps. Cette marque d'attention donnera un cachet particulier à votre relation.

Développez votre sens de l'humour

Une véritable arme de séduction.

On se sent plus facilement attiré par des personnes gaies, positives et amusantes.

UN NOUVEAU REGARD SUR LA VIE EMPREINT D'OPTIMISME

L'humour est plus une forme d'esprit et de lâcher-prise qui cherche à mettre en valeur avec drôlerie le caractère ridicule, insolite ou absurde de certains aspects de la réalité.

L'autodérision est une composante également de l'humour, un homme capable de rire de lui-même attire forcément sourires et rires de son entourage.

COMMENT DÉVELOPPER VOTRE SENS DE L'HUMOUR ?

- Entourez-vous de personnes gaies et positives.
- Regardez des one man shows et des vidéos sur Internet.

• Observez leur style, leur manière de décrire la réalité, les sujets qu'ils évoquent et la façon dont ils abordent les choses de la vie quotidienne.

CRÉEZ VOTRE CARNET D'HUMOUR

Prenez l'habitude de relever et de noter des anecdotes amusantes, des histoires drôles ou des titres de journaux amusants, des slogans publicitaires.

Essayez de voir le côté « fun » de chaque situation. S'il est parfois difficile de voir ce qu'il y a de drôle dans une situation malheureuse, tentez d'observer la façon dont les gens extérieurs perçoivent cette même situation, regardez la situation d'un autre point de vue.

EXERCICE D'IMAGINATION ET DE CRÉATIVITÉ

• Prenez un objet courant du quotidien (un crayon, un élastique, etc.) et imaginez les possibilités d'utilisation les plus diverses et originales.
• Puis transposez cette technique à vos problèmes quotidiens.
• Reconsidérez-les sous un angle différent, plus créatif. Vous allez peut-être leur découvrir des aspects positifs et faire ainsi preuve d'humour.

RÈGLE 37

Offrez de votre temps

à vos amis pour développer des liens sincères et durables

Une belle amitié suppose que vous soyez prêt à consacrer du temps et de l'énergie pour soutenir vos amis ou tout simplement passer du bon temps régulièrement avec eux.

Rendez-vous disponible. Les personnes n'osent pas toujours vous demander de l'aide lorsqu'elles en ont besoin. Apprenez à bien observer les attitudes de vos amis.

Demandez-leur des nouvelles régulièrement afin de pouvoir leur offrir un peu de réconfort ou tout simplement du temps.

Prenez l'habitude de laisser un créneau libre dans votre agenda pour gérer les imprévus. Ainsi vous pourrez vous libérer plus facilement pour vos amis ou leur faire une surprise. Une promenade, une sortie au cinéma ou une longue discussion autour d'une tasse de thé.

Développez des relations saines et équitables

Soyez *win/win* !

Pour se faire des amis, il faut plaire et être prêt à s'investir sincèrement. Néanmoins, en analysant le cercle de vos connaissances, vous vous rendrez peut-être compte que certaines d'entre elles sont plus toxiques que d'autres.

Si la personne est autoritaire ou envahissante, il est préférable, pour votre bien-être, de se désengager ou de clarifier la relation en fixant les limites à ne pas dépasser.

Préférez des amis qui ont une influence positive sur vous. Envisagez la relation dans la coopération et le partage. Une relation d'amitié sincère est basée sur un principe d'échanges, **un rapport gagnant/gagnant**. Plus l'échange est équitable et juste, plus la relation s'en trouve renforcée.

Maintenez le lien

Quand vous perdez un ami de vue, vous aurez probablement des difficultés lorsque vous voudrez renouer avec lui.

L'amitié demande des efforts continus et d'être fidèle. Si vous n'avez pas contacté une connaissance depuis quelque temps, vous pouvez renouer le contact en passant un coup de fil. Donnez des nouvelles et faites une proposition de sortie.

Ne pensez pas que vous devez automatiquement laisser tomber toutes les relations non entretenues.

RESPECTEZ LES RYTHMES ET LES BESOINS DE CHACUN.

Certains de vos amis seront heureux de vous voir une fois par mois tandis que d'autres s'inquiéteront s'ils n'ont pas de vos nouvelles chaque semaine.

Soyez donc à l'écoute de leurs besoins mais ne soyez pas exclusif dans la relation en comptant entièrement sur eux pour combler tous vos besoins ou vos manques.

Soyez généreux

Donnez avec plaisir, altruisme et noblesse de sentiments.

Qu'il s'agisse d'offrir des présents au nom de l'amitié, ou de donner de votre temps à un ami qui en a besoin, la générosité est un des fondements de l'amitié.

COMMENT CULTIVER LA GÉNÉROSITÉ ?

Donnez toujours avec votre cœur. Pour faire preuve de générosité, vous devrez donner simplement parce que vous le souhaitez et non parce que vous espérez quelque chose en retour ou trouvez un intérêt quelconque dans votre don.

ORGANISEZ UNE FÊTE POUR UN PROCHE

La prochaine fois que l'anniversaire d'un ami qui se sent seul approchera, donnez-lui de l'importance. Faites-lui un gros gâteau, invitez quelques amis et organisez une fête, afin que cette personne se sente aimée et spéciale.

Pour cela, faites en sorte que vos proches se sentent spéciaux de temps en temps.

Proposez votre aide

… spontanément à vos amis prouve que vous vous souciez de leur bien-être.

Rendez service à bon escient : même si cela part d'un bon sentiment, vérifiez bien auparavant qu'ils désirent être aidés sinon vous risquez de rentrer de manière intrusive dans leur intimité.

COMMENT AIDER ?

- **Formulez votre proposition clairement afin d'obtenir un oui franc.** « J'ai remarqué que tu étais très préoccupé par ton travail en ce moment, je te propose de garder tes enfants quelques heures pour que tu puisses te reposer. Qu'en penses-tu ? Es-tu d'accord ? »
- **Proposez votre aide dans les domaines que vous maîtrisez et pour lesquels vous êtes compétent.** En effet, il est tout à votre honneur d'aider votre ami à réviser son examen d'anglais, simplement si votre niveau n'est pas suffisant, votre aide ne sera pas efficace et mal appréciée. Par contre si vous excellez en cuisine, proposez-lui de lui concocter quelques bons repas le temps de ses révisions.

UN JUSTE ÉQUILIBRE

Rendre service ne signifie pas que vous devez dépanner vos amis tous les jours et être entièrement dévoué à leurs services mais que vous devez faire quelques efforts pour les aider en cas de difficultés, par exemple en emmenant votre ami voir le médecin si celui-ci est très malade.

CONSEIL :

Faites attention de ne pas tomber dans une relation trop dépendante dans laquelle votre ami aurait tendance à trop profiter de vos services et vous mettrait en situation d'inconfort. Une aide authentique est un soutien, un appui mais pas de l'esclavage.

RÈGLE 42

Sachez reconnaître vos erreurs

Cela permet de prendre du recul sur une situation et de relancer la relation.

Se tromper n'est pas un acte si négatif à condition que vous reconnaissiez vos torts. En effet, ne pas reconnaître ses erreurs, comme avoir trahi un secret en amitié par exemple, n'engendre que de la tristesse, du mensonge et de l'isolement.

Si vous vous réservez la possibilité d'être franc et sincère, vous apprendrez petit à petit à être plus flexible et tolérant avec vous-même et avec vos amis et l'image que les autres auront de vous sera bien meilleure.

DE MULTIPLES BIENFAITS SUR LE PLAN DU DÉVELOPPEMENT PERSONNEL

- Vous offrez une image authentique et humaine aux autres qui vous percevront comme une personne humble et sincère.
- Vous aurez l'occasion de vous améliorer.

• Vous vivrez une vie plus sincère, ce qui vous apportera une sensation de sécurité et de bien-être.
• C'est un apprentissage vers l'intelligence de la vie : les êtres humains ne sont pas parfaits.
• Se tromper fait partie des épreuves de l'existence et ne constitue pas un échec mais plutôt un véritable apprentissage nécessaire au bonheur.

SACHEZ VOUS FAIRE PARDONNER

Le plus tôt sera le mieux. Inutile d'attendre que la relation amicale dépérisse ou qu'elle soit polluée par la colère et la peine de votre ami.
• Commencez en disant que vous comprenez sa tristesse. « Je comprends ta peine et ta colère face à... »
• Confiez-vous et expliquez-lui ce qui s'est passé le plus franchement possible. Montrez-vous désolé et touché par le remords : « Je suis désolé de t'avoir fait subir... et je suis moi-même fortement peiné de... »

Il n'y a peut-être pas d'explication rationnelle à vos fautes mais le principal est de faire preuve d'empathie vis-à-vis de votre ami.

RÈGLE 43

Sachez pardonner

Une amitié durable repose sur votre capacité à pardonner et de passer à autre chose.

Si vous en voulez à votre ami pour une offense ou une trahison et que vous laissez votre amertume, votre rancœur, votre colère s'accumuler, vous risquez de basculer dans une relation toxique ou de vous gâcher la vie. Pour vous libérer de ces émotions négatives, apprenez à pardonner.

UN PROCESSUS EN PLUSIEURS ÉTAPES

Exprimez avec clarté ce qui se passe en vous sans reproche ni jugement.

- Citez les faits concrets qui vous ont offensé.
- Expliquez à votre ami ce que vous ressentez face à votre dispute ou conflit.
- Exprimez vos ressentis en lien avec ces faits.
- Puis expliquez-lui ce qui vous a déçu et laissez exprimer votre besoin.

Une fois que vous avez exprimé vos ressentis et vos pensées, soyez clair sur vos besoins à l'avenir et formulez une demande précise.

EN RÉSUMÉ :

- *Lorsque je vois, j'entends...*
- *Je me sens...*
- *Parce que j'ai besoin de...*
- *Ce que je souhaiterais à l'avenir...*

MON AVIS DE COACH :

Le pardon allège et permet de recréer un lien amical neuf et serein. Il permet de renouer le dialogue et de relancer la relation sur de meilleures bases.

Faites preuve d'intuition

Faites preuve de sensibilité
et restez à l'écoute de vos ressentis.

Utilisez votre intuition dans vos relations amicales. Si le contact de certaines personnes vous procure du bonheur et de la joie, alors n'hésitez pas à développer la relation.

Si, au contraire, en présence d'autres personnes, vous ressentez un certain mal-être ou une certaine gêne, vous êtes probablement en présence de personnes qui ne sont peut-être pas compatibles avec votre personnalité et philosophie de vie.

QU'EST-CE QUE L'INTUITION ?

L'intuition est une forme de connaissance immédiate ou d'un sentiment qui **ne provient pas d'un raisonnement logique ou conscient**. L'intuition ne reflète pas une phrase du type : « je pense que » ou « je trouve que » mais une phrase qui commencerait par « **je sens que** », « **j'ai le sentiment que** »…

POURQUOI SE FIER À SON INTUITION ET COMMENT LA DÉVELOPPER ?

Écouter ce que votre ressenti ou votre corps (à travers vos sensations physiques) vous envoie comme message permet de tisser des liens avec des personnes qui vous apportent du positif et vous permet d'avoir des relations plus authentiques.

Soyez à l'écoute de vos sensations physiques et notez vos ressentis et réflexions dans un journal « intime ».

PETITS EXERCICES POUR DÉVELOPPER L'INTUITION

- Pratiquez la relaxation en apprenant à lâcher votre mental, concentrez-vous sur votre respiration et votre corps.
- Restez connecté à l'instant présent dans vos activités quotidiennes ; ne pensez pas à plusieurs choses en même temps.
- Au moment de votre réveil, notez vos rêves.
- Entraînez-vous à deviner les passions, les activités de vos relations.

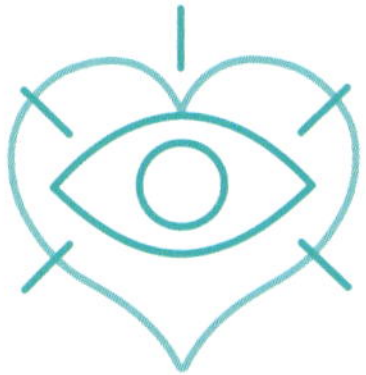

Soutenez vos proches

et soyez présent

Montrez à vos amis que vous savez être là dans les bons et les moments plus difficiles. Vous devez toujours leur donner le sentiment qu'ils peuvent compter sur vous.

L'ESSENTIEL C'EST D'ÊTRE FIABLE

Si vous n'êtes pas sûr de pouvoir remplir votre mission, soyez honnête et dites que vous n'êtes pas sûr de pouvoir le faire.

En effet, nous connaissons tous des personnes avec de bonnes intentions, mais qui nous lâchent au dernier moment et qui nous disent « oui, bien sûr, je vais le faire… », mais qui ne le font malheureusement jamais.

COMMENT ?

- **Votre ami est en panne de voiture** et a des courses urgentes à faire, proposez-lui de l'accompagner dans ses déplacement.
- **Votre ami est souffrant,** proposez-lui de garder ses enfants et de le soulager dans son quotidien.
- **S'il y a un décès dans sa famille,** allez à l'enterrement ou envoyez-lui une carte si vous habitez loin l'un de l'autre.

PRÊTEZ-LUI UNE OREILLE ATTENTIVE

- Faites savoir à votre ami qu'il peut se sentir en sécurité en votre présence, offrez-lui votre présence, votre soutien, votre écoute. Si votre ami se sent moins seul, il lui sera plus facile de faire face à ses problèmes.
- Rassurez-le et aidez-le à se confier et exprimer ce qu'il a sur le cœur. Restez calme et aidez-le à trouver des solutions à ses problèmes.

RÈGLE 46

Osez les voyages

Sortez de votre environnement habituel, partez vers de nouveaux horizons.

À force de rester dans votre environnement habituel, vous pourriez tourner en rond comme un poisson dans un bocal. En changeant vos habitudes, vous allez faire forcément de nouvelles rencontres.

SOYEZ CURIEUX ET ENTREPRENANT

Osez demander de l'aide pour rencontrer de nouvelles personnes. Vous êtes à l'étranger ou en dehors de votre lieu de vie, loin de votre quotidien, n'hésitez pas à vous informer sur les excursions ou l'adresse de lieux à la mode.

Évitez le réflexe de la recherche Internet *via* votre smartphone ou votre ordinateur, adressez-vous aux offices de tourisme ou organismes de tourisme locaux.

INSCRIVEZ-VOUS À DES EXCURSIONS

Explorez la ville ou le site touristique tout en faisant des rencontres. Dans la plupart des villes, il y a des visites gratuites organisées. Inscrivez-vous aussi à des randonnées, ce genre d'activité sportive rapproche et crée de la cohésion de groupe.

CHANGEZ VOS HABITUDES

Si vous avez l'habitude de partir à l'hôtel pour vos vacances, essayez les auberges de jeunesse, les maisons d'hôtes ou allez chez l'habitant. C'est un excellent moyen pour créer des contacts plus personnels et spontanés.

Soyez créatif

Faites marcher votre imagination.

- Utilisez votre esprit créatif pour développer vos relations et favoriser les rencontres.
- N'hésitez pas à sortir de votre cadre de vie habituel.
- Entraînez-vous à chercher des nouveaux lieux de sortie.
- Soyez à l'affût des nouveautés : nouvelles activités sportives, nouveaux lieux en vogue.

Tisser des bracelets pour resserrer les liens. La confection de bracelets est une activité ludique qui réveille la créativité. S'échanger des bracelets est une tradition chez les enfants et les adolescents. C'est aussi une façon de renforcer les liens et le sentiment d'appartenance : un outil précieux pour s'intégrer et entretenir l'amitié.

Cette tradition commence dès l'enfance, dans les cours d'école et se poursuit à l'adolescence et même au-delà. Prenez-vous au jeu. Offrez des bracelets à vos amis, pour valoriser le lien qui vous unit.

Soyez une source d'inspiration pour les autres

« Dis-moi qui tu fréquentes, je te dirai qui tu es. »

Les amis que vous fréquentez vous renvoient à votre propre personnalité. En effet, l'individu a tendance à s'identifier aux personnes de son entourage dont l'influence est très puissante.

Par conséquent, si vous voulez attirer des amis charismatiques qui vous fassent progresser sur le plan personnel, soyez avant tout un modèle d'amitié pour eux.

Commencez par devenir votre meilleur ami : respectez-vous, prenez conscience de vos qualités et traitez-vous avec bienveillance au quotidien. Soyez un modèle inspirant. Comme disait Gandhi : « Soyez le changement que vous voulez voir dans le monde. »

Ayez un impact positif sur vos amis.

- Inspirez la confiance par votre force de caractère.
- Prenez de la hauteur et adoptez une posture de gagnant.

Entourez-vous d'amis positifs

En moyenne, parmi toutes nos relations, il n'y en a que cinq que nous fréquentons régulièrement. Si celles-ci ne sont pas dignes de confiance, cela risque d'abîmer votre confiance en vous.

- **Tout d'abord, faites le ménage dans vos relations :** les amis négatifs ont tendance à être la source de croyances limitantes qui vous découragent et vous dépriment par leurs idées dévalorisantes ou par leurs plaintes incessantes qui vous influencent inconsciemment.
- **Identifiez les personnes négatives de votre entourage,** les fameuses « pompeuses d'énergie », celles qui, par leur simple contact, provoquent chez vous un stress, une frustration ou même de la fatigue.
- **Passez plus de temps avec les personnes qui vous procurent du bien-être, et qui ont des attitudes positives et bienveillantes** à votre égard. Ce sont des personnes qui vous tireront vers le haut

et qui avancent généralement vers des objectifs similaires aux vôtres.

• **Fréquentez le plus possible ceux qui vous pousseront à agir** et à faire des choses en accord avec vos valeurs. **La clé numéro 1, c'est l'action !** Commencez donc par vous entourer de personnes qui agissent. Par exemple, si vous voulez perdre du poids, ne restez pas avec des personnes qui vous rabâchent : « De toute façon, ça ne sert à rien : tu auras tout repris dans deux mois ! ».

• **Allez avec vos amis voir des personnes qui vous inspirent par leur discours et leur action** : il peut s'agir de conférenciers, de philosophes, de journalistes ou de personnes médiatisées. Visionnez ensemble des vidéos les concernant, en vous rendant par exemple sur le site de conférences TED ou sur YouTube. Participez également à des ateliers de développement personnel sur des thématiques variées.

Créez votre *bullet journal*

Un outil idéal pour célébrer l'amitié.

Le succès de votre aptitude à vous faire des amis dépend aussi et surtout de votre organisation et de votre énergie positive. Afin de retenir les moments importants, les dates anniversaires et le planning de vos sorties, fabriquez votre journal de l'amitié !

Grâce à ce journal, vous n'aurez plus d'excuse pour repousser tout au lendemain ou être démotivé !

INSPIREZ-VOUS DU CARNET À LA MODE APPELÉ LE *BULLET JOURNAL*

Le *bullet journal* a été inventé il y a quelques années par Ryder Carroll, un designer new-yorkais. C'est un support papier qui vous permet de centraliser toutes vos informations, de gérer vos notes, vos *to do list*, vos rendez-vous, vos objectifs de l'année, vos pense-bêtes, vos astuces, votre carnet d'adresses...

UN OUTIL PARFAIT BOOSTER D'ÉNERGIE

Ce journal dédié à l'amitié sera l'outil idéal pour gérer vos relations amicales et noter toutes vos bonnes résolutions ! Un joyeux carnet décoré à votre goût, pour suivre votre planning de sortie, noter tous les numéros de téléphone, les lieux et les dates de vos rencontres.

Il vous permettra aussi de coucher par écrit vos commentaires et vos progrès dans l'art de se faire des amis.

COMMENT CONCEVOIR CE JOURNAL ?

- Équipez-vous d'un carnet vierge, de jolis feutres de couleur, et faites confiance à votre créativité.
- Vous pourrez dessiner, coller des photos souvenirs avec vos amis, noter toutes vos idées de sorties, de lieux à découvrir.
- Choisissez-le de manière à ce qu'il soit facile à transporter dans un sac à main ou dans la poche d'une veste.

LES DIFFÉRENTES ÉTAPES DE RÉALISATION

1. Prévoyez les deux premières pages pour faire votre sommaire.

2. Sur la page suivante, écrivez le nom du mois en cours et numérotez tous les jours.
Sur la page d'en face, consacrez-la à votre *to do list* mensuelle, appelée feuille de route mensuelle.
3. Sur les pages suivantes, enfin, ce seront les *to do list* quotidiennes, vos notes personnelles de la journée.
4. Pensez à créer des pages spécifiques où vous noterez tous les anniversaires de vos amis.
5. Numérotez chaque page et reportez toutes les informations dans votre sommaire.

CARTE D'EMPATHIE

Questions permettant de se mettre à la place de l'autre et de mieux comprendre la vision de son interlocuteur et de valoriser sa relation amicale

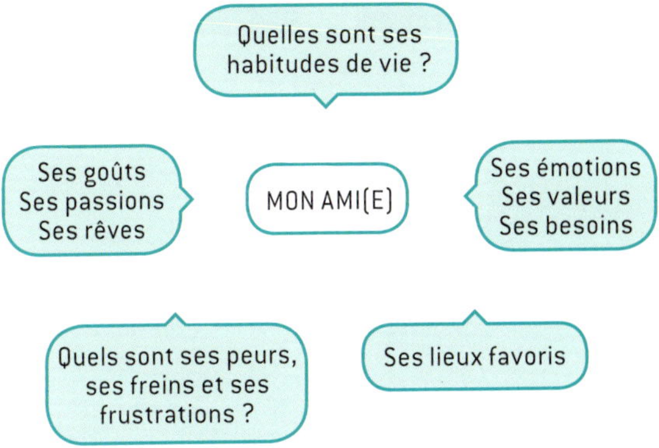

Les 50 règles d'or de la
confiance
en soi
Muriel Bensimon
LES MINI LAROUSSE

Les 50 règles d'or de
la gestion de conflits
au travail, à la maison
Latifa Gallo
LES MINI LAROUSSE

Les 50 règles d'or pour prendre
la vie du bon côté
Jean-Paul Guedj
LES MINI LAROUSSE

Les 50 règles d'or pour
ne pas stresser
Helen Monnet
LES MINI LAROUSSE

Les 50 règles d'or de
l'intelligence émotionnelle
Latifa Gallo
LES MINI LAROUSSE

Les 50 règles d'or pour
lâcher prise
Laurence Dujardin
LES MINI LAROUSSE

Les 50 règles d'or pour
bien gérer ses émotions
Jean-Yves Arrivé
LES MINI LAROUSSE

Biographie

Muriel Bensimon
Coach professionnelle certifiée HEC, consultante en marketing et en entrepreneuriat.
Après quinze ans d'expérience en marketing pour des grandes entreprises, elle se définit aujourd'hui comme une révélatrice de talents, experte et formatrice en créativité et confiance en soi.

Auteur des 50 *règles d'or pour avoir confiance en soi* (2017, Larousse).